Inhalt

5. Auflage 2008

Edition Lendersdorfer Traumfabrik

Idee: Karin Pfeiffer
Zeichnungen: Karin Pfeiffer und Konrad Golz (Seite 24)
Layout, Satz und Covergestaltung: Stolz Verlag

Druck: Greiserdruck, Rastatt

www.stolzverlag.de

ISBN 978-3-89778-017-0

STOLZ

Beschreibung des Übungsprogramms

Für wen geeignet?

Vorliegende Texte und Übungen sind entwickelt worden, um Schülern Freude am Üben der Rechtschreibung zu vermitteln. Die 5-Minuten-Diktate eignen sich nicht nur für den Förderunterricht, sie können auch im regulären Unterricht eingesetzt werden.

Wortmaterial und Texte

Die Texte sind sehr kurz gehalten, auf den sogenannten Grundwortschatz ist das Wortmaterial jedoch nicht beschränkt. Allein durch striktes Beharren auf einen Häufigkeitsgrundwortschatz fördert man das Erlernen der Rechtschreibung nicht. Ausschlaggebend ist vielmehr die innere Haltung und Bereitschaft eines Schülers, sich mit der Orthographie zu befassen. Gerade bei rechtschreibschwachen Schülern habe ich oft erlebt, wie sie der Herausforderung durch „Wort-Ungetüme" mutig und erfolgreich begegneten. Für eine fruchtbare Übungshaltung entscheidend sind auch Stil und Aussagekraft der Texte. Sind diese motivierend und heiter, wird gern geübt.

Das 20-Tage-Programm

Die Lektionen sind in Tage aufgeteilt. Das ist als Vorschlag zu sehen. Natürlich müssen Sie nicht der Reihe nach vorgehen, können einmal diese, einmal jene Seite üben lassen. Es zeigt sich, welch positive Auswirkung die Einhaltung eines festen Rahmens auf das Lernverhalten hat. Der Lernende kann seine Fortschritte deutlich wahrnehmen, denn es gibt ein Vorher, ein Jetzt und ein Nachher. Geübt wird regelmäßig. Zwischen den einzelnen Lektionen sollten nicht mehr als drei, vier Tage vergehen. Sie können auch täglich an dem Programm arbeiten lassen. Grundregel: Zu viel an einem Tag schadet. Tut ein Schüler sich schwer, wird das Pensum konsequent aufgeteilt auf mehrere Tage.

Wichtig: Wiederholungen

Im Anhang gibt es zu allen Übungen jeweils einen zusätzlichen Diktat-Text. Diese Zusatz-Diktate enthalten dasselbe Wortmaterial wie die Lektionen. Mein Vorschlag: Wenn eine Lektion abgeschlossen ist, wird nach einer, spätestens aber zwei Wochen der Lernstoff wiederholt. Der dazugehörige Text aus dem Anhang wird diktiert. Dadurch festigt sich die Orthographie, Erfolgserlebnisse motivieren zum Weiterlernen.

Die alphabetische Wortliste

Ebenfalls im Anhang befindet sich die Wortliste. Sie enthält alle Wörter aus den Diktaten. Der Schüler soll mit dieser Liste arbeiten. Geben Sie ihm Aufgaben wie: „Suche das Wort XY aus dem Diktat in der Liste!" Diese Übung wird den Schüler dazu erziehen, später das Wörterbuch als Rechtschreibhilfe heranzuziehen.

Text- und Übungsseite bilden eine Einheit.
Die Textseite wird an dem einen, die Übungsseite am darauf folgenden Tag bearbeitet. Lassen Sie dazwischen keinen zusätzlichen Tag verstreichen!

Vorschlag: Lassen Sie den Schüler ein spezielles Übungsheft anlegen: ein Rechtschreib-Übungsheft!

Schritt für Schritt ...

Schritt für Schritt zur besseren Rechtschreibung

1. Tag:

Das Textblatt enthält genug Platz zum Schreiben.
Der Schüler möge sich um eine gut lesbare Handschrift bemühen, denn Schrift hat nur einen einzigen Zweck: sie ist zum Lesen da! Nur deutliche Buchstaben erzeugen Klarheit beim Denken und Schreiben.
Der Schüler liest den Text in der rechten Spalte zuerst leise, dann laut.
Er prägt sich die Sätze abschnittweise ein.
Dann deckt er den Text mit einem Papierblatt ab und schreibt auswendig.
Das Auswendiglernen ist ein wichtiger Lernschritt!
Anschließend wird das Geschriebene auf Richtigkeit kontrolliert. Das geschieht durch den Schüler selbst. Die Endkontrolle erfolgt durch die Lehrerin oder den Lehrer. Fehler werden sofort korrigiert durch wiederholtes Schreiben des Wortes.

2. Tag:

Die Übungsseite wird bearbeitet.
Jetzt wird sofort das Diktat geschrieben.
Die Kontrolle erfolgt ohne zeitliche Verzögerung.
Die Berichtigung wird sorgfältig durchgeführt.

Nach einer Woche:

Der Zusatztext im Anhang wird als unvorbereitetes Diktat geschrieben.
Sollten dabei viele Fehler gemacht werden, ist dies ein Zeichen für Überforderung. Um dies zu vermeiden, soll besser geübt werden. Verzichten Sie auf das Prüfungsdiktat lieber ganz. Lassen Sie es statt dessen in Abschnitten auswendig lernen und abschreiben.

Zuletzt:

Nicht verzweifeln.
Immer weitermachen, üben, kleine Schritte machen.
Das ist der einzige Weg.

Nur Mut! Ihre

Karin Pfeiffer

Vier Schritte zum Erfolg

1. *Lies den Text zuerst still, dann laut. Lerne danach den ersten Abschnitt auswendig.*
2. *Lege ein Blatt Papier über den Text. Schreibe auswendig.*
3. *Schau nach, ob du richtig geschrieben hast! Korrigiere sofort.*
4. *Mache das so mit allen Abschnitten.*

Der Bote

Der Bote
bringt fünf Briefe.

Da bellt
unser Hund.

Der Bote wirft
die Briefe
in den Garten.

Er hat Angst
und läuft weg.

2. Tag

1. *Was macht er?*
   Schreibe die Zeilen voll wie im Beispiel!

bringen: er bringt, er bringt, er bringt, er bringt

laufen: ~~er läuft~~, er läuft, er läuft, er läuft

werfen: er wirft, er wirft, er wirft, er wirft

bellen: er bellt, er bellt, er bellt

2. *Lies die folgenden Wörter laut vor. Klatsche zu den einzelnen Silben in die Hände.*

Bo te   Brie fe   un ser   bel len   Hun de

Gar ten   lau fen   wer fen   brin gen

3. *Wie gehören die Silben richtig zusammen? Lies zuerst die Unsinnwörter laut und schreibe danach richtig auf!*
   Schreibe jedes Wort dreimal hintereinander!

Bo fen   un len   Hun gen   lau ser

Brie te   bel fe   Gar de   brin ten

Bote Bote unser - unser. bellen. bellen.
Garten. Garten. bringen. bringen. Hunde. Hunde.
Briefe. Briefe. laufen laufen

DiktatDiktatDiktatDiktatDiktatDiktatDik

3. *Lasse dir den Text jetzt diktieren. Viel Glück!*

Der Bote

Unser Hund bellt.
Der Bote bringt fünf Briefe.
Er wirft die Briefe
in den Garten.
Er läuft weg,
weil er Angst hat.

Nimm dir ZEIT
Stolz Verlag

Vier Schritte zum Erfolg

1. Lies den Text zuerst still, dann laut. Lerne danach den ersten Abschnitt auswendig.
2. Lege ein Blatt Papier über den Text. Schreibe auswendig.
3. Schau nach, ob du richtig geschrieben hast! Korrigiere sofort.
4. Mache das so mit allen Abschnitten.

LENDERSDORFER TRAUMFABRIK

Katze und Vogel

Am Fenster
sitzt eine Katze.

Sie schaut
hinaus.
Ein Vogel
kommt geflogen.

Er landet
vor dem Fenster.
Katze und Vogel
schauen sich an.

4. Tag

1. Aufgepasst! In jedem Satz ist ein Wort zu viel. Dieses Wort ist nicht im Diktat-Text. Unterstreiche dieses Wort. Schreibe dann den Satz ohne dieses Wort auf die Zeile darunter.

Am Fenster sitzt eine schwarze Katze.

Sie schaut oft hinaus.

Ein kleiner Vogel kommt geflogen.

Er landet vor dem offenen Fenster.

2. Welche Wörter aus dem Text sollen das sein? Setze die fehlenden Buchstaben ein. Schreibe die Wörter ganz.

. a . . .   . . n . . . .   . i . . .   . g . .

. o . . .   k . . . .   . . r   . i . . . . a . . .

DiktatDiktatDiktatDiktatDiktatDiktatDik

3. Lasse dir den Text jetzt diktieren. Viel Glück!

Katze und Vogel

Eine Katze sitzt am Fenster
und schaut hinaus.
Ein Vogel kommt geflogen.
Er landet vor dem Fenster
Katze und Vogel
schauen sich an.

Nimm dir ZEIT
Stolz Verlag

Vier Schritte zum Erfolg

1. *Lies den Text zuerst still, dann laut. Lerne danach den ersten Abschnitt auswendig.*
2. *Lege ein Blatt Papier über den Text. Schreibe auswendig.*
3. *Schau nach, ob du richtig geschrieben hast! Korrigiere sofort.*
4. *Mache das so mit allen Abschnitten.*

Der Drache

Als Felix

aufwachte,

war der Drache

noch immer da.

Nach dem

Frühstück

ging Felix

zur Schule

Der Drache

kam mit.

LENDERSDORFER TRAUMFABRIK

6. Tag

1. *Die Anakonda hatte Hunger. Zerlege die Wörter, die sie gefressen hat! Achte auf die Groß- und Kleinschreibung. Schreibe die Wörter richtig auf, ein jedes zweimal.*

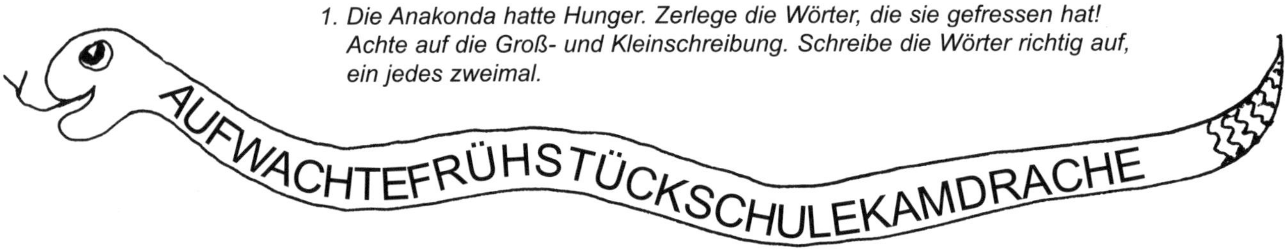

2. *Wörter zerlegen. An welchen Stellen kannst du nach Silben trennen? Markiere mit einem Bleistift, sprich laut und frage dich: Ist das richtig? Schreibe die Wörter dann wie im Beispiel auf. Wiederhole auch das Beispiel.*

D r a c h e   F e l i x   a u f w a c h t e

i m m e r   F r ü h s t ü c k   S c h u l e

Dra-che - Drache,

DiktatDiktatDiktatDiktatDiktatDiktatDikt

3. *Lasse dir den Text jetzt diktieren. Viel Glück!*

Der Drache

Felix wachte auf.
Der Drache war immer noch da.
Nach dem Frühstück
ging Felix zur Schule.
Der Drache kam mit.

Vier Schritte zum Erfolg

1. Lies den Text zuerst still, dann laut. Lerne danach den ersten Abschnitt auswendig.
2. Lege ein Blatt Papier über den Text. Schreibe auswendig.
3. Schau nach, ob du richtig geschrieben hast! Korrigiere sofort.
4. Mache das so mit allen Abschnitten.

LENDERSDORFER TRAUMFABRIK

7. Tag

Der kleine Indianer

Der Junge ist
acht Jahre alt.

Er hat ein Pferd
und einen Hund.

Er hat
so scharfe Augen
wie ein Falke.

Der Vater nennt ihn
Falkenauge.

8. Tag

1. *Schreibe je zwei Wörter auswendig auf. Decke mit einem Blatt Papier ab, kontrolliere sofort und berichtige, falls nötig.*

acht, Jahre | Pferd, Hund | Junge, Falkenauge

klein, Indianer | scharfe Augen | Vater, nennen

2. *Was ist denn das? Eine neue Sprache?*
Setze die Silben richtig zusammen (durchstreichen) und schreibe die Wörter unten auf!

Jun aner, Jah ter, Au auge, Fal re, Va gen,
Indi ke, Falken ge

Und das sind die richtigen Wörter:

3. *Und jetzt denke dir selbst eine Übung aus! Welche Wörter könntest du noch üben, und wie?*
Schreibe in dein Heft.

DiktatDiktatDiktatDiktatDiktatDiktatDik

3. *Lasse dir den Text jetzt diktieren. Viel Glück!*

Der kleine Indianer

Der Junge hat ein Pferd
und einen Hund.
Er ist acht Jahre alt.
Der Vater nennt ihn Falkenauge,
denn er hat so scharfe Augen
wie ein Falke.

Nimm dir ZEIT
Stolz Verlag

Vier Schritte zum Erfolg

1. Lies den Text zuerst still, dann laut. Lerne danach den ersten Abschnitt auswendig.
2. Lege ein Blatt Papier über den Text. Schreibe auswendig.
3. Schau nach, ob du richtig geschrieben hast! Korrigiere sofort.
4. Mache das so mit allen Abschnitten.

LENDERSDORFER TRAUMFABRIK

9. Tag

Der Teddy

Sandra steckt
den Teddy
in ihre Schultasche.

Beim Diktat
hält sie
sein Ohr fest.

Sie macht nur
einen Fehler.

10. Tag

1. Wir tun das auch! Markiere mit einem Farbstift in jedem Satz das Verb (Tuwort) und schreibe wie im Beispiel.

Sandra schreibt heute ein Diktat.
Sie steckt den Teddy in die Tasche.
Beim Diktat hält sie sein Ohr fest.
Sie macht nur einen Fehler.

Wir schreiben heute auch ein Diktat.

1. Welches Wort ist es?
Der erste und der letzte Buchstabe sind vorgegeben. Setze richtig ein. Schreibe dann jedes Wort einmal ganz.

T . . . y D . . . . t F . . . . r

s . . . . t h . . t f . . t O . r

S . . . . e m . . . t

DiktatDiktatDiktatDiktatDiktatDiktatDik

3. Lasse dir den Text jetzt diktieren. Viel Glück!

Der Teddy

Der Teddy steckt
in der Schultasche.
Sandra hält beim Diktat
sein Ohr fest.
Sie macht nur
einen Fehler.

Nimm dir ZEIT
Stolz Verlag

Vier Schritte zum Erfolg

1. *Lies den Text zuerst still, dann laut. Lerne danach den ersten Abschnitt auswendig.*
2. *Lege ein Blatt Papier über den Text. Schreibe auswendig.*
3. *Schau nach, ob du richtig geschrieben hast! Korrigiere sofort.*
4. *Mache das so mit allen Abschnitten.*

LENDERSDORFER TRAUMFABRIK

11. Tag

Der Mann aus Schnee

Vor der Schule
steht ein
dicker Schneemann.

Auf dem Kopf
trägt er die Mütze
des Lehrers.

Die Kinder lachen
und tanzen
um ihn herum.

12. Tag

1. Was ist hier los? So ist es wohl nicht richtig. Unterstreiche, was dir komisch vorkommt.
Kannst du die Sätze so ändern, dass es stimmt?

In der Schule steht ein dicker Schneemann.
Neben dem Kopf trägt der Schneemann die Mütze des Lehrers.
Die Kinder lachen und tanzen auf ihm herum.

! auf ihm
um ihn

2. Lies die Wörter laut, klatsche dazu nach Silben.
Trenne die Wörter nach Silben. Schreibe wie im Beispiel!

Män ner, Schu le, di cker, Schnee mann, tra gen,
Leh rer, Kin der, la chen, Müt ze, tan zen

Män-ner - Männer,

DiktatDiktatDiktatDiktatDiktatDiktatDik

3. Lasse dir den Text jetzt diktieren. Viel Glück!

Der Schneemann

Ein dicker Mann aus Schnee
steht vor der Schule.
Die Mütze des Lehrers
trägt er auf dem Kopf.
Um ihn herum
tanzen und lachen die Kinder.

Nimm dir ZEIT
Stolz Verlag

13. Tag

Vier Schritte zum Erfolg

1. Lies den Text zuerst still, dann laut. Lerne danach den ersten Abschnitt auswendig.
2. Lege ein Blatt Papier über den Text. Schreibe auswendig.
3. Schau nach, ob du richtig geschrieben hast! Korrigiere sofort.
4. Mache das so mit allen Abschnitten.

Die Mäuse

Die Mäuse
spielen im Garten.

Sie verstecken sich
hinter Bäumen
und Steinen.

Filipp muss suchen.
Er zählt:
„Eins, zwei drei ...

Ich komme!"

LENDERSDORFER TRAUMFABRIK

14. Tag

1. Aus a wird ä. Bilde die Mehrzahl und schreibe wie im Beispiel! Schreibe die Zeilen mit dem Mehrzahlwort voll.

das Haus, der Baum, die Maus, der Garten

das Haus – die Häuser, die Häuser, die Häuser, die Häuser

zählen (die Zahl),

2. Jetzt üben wir noch die anderen Wörter. Schau dir die Wörter am Zeilenanfang genau an, präge sie dir ein. Schreibe dann die Zeilen voll, ohne noch einmal nachzusehen.

Filipp spielt

sich verstecken

hinter Steinen

muss suchen

eins, zwei, drei

ich komme

DiktatDiktatDiktatDiktatDiktatDiktatDikt

3. Lasse dir den Text jetzt diktieren. Viel Glück!

Die Mäuse

Die Mäuse spielen.
Sie verstecken sich im Garten
hinter Bäumen und Steinen.
Filipp zählt:
„Eins, zwei, drei ... ich komme!"
Er muss suchen.

Nimm dir ZEIT
Stolz Verlag

Vier Schritte zum Erfolg

1. Lies den Text zuerst still, dann laut. Lerne danach den ersten Abschnitt auswendig.
2. Lege ein Blatt Papier über den Text. Schreibe auswendig.
3. Schau nach, ob du richtig geschrieben hast! Korrigiere sofort.
4. Mache das so mit allen Abschnitten.

LENDERSDORFER TRAUMFABRIK

15. Tag

Tante Lisa

Einmal fuhr uns

Tante Lisa

mit dem Auto

nach Hause.

Plötzlich

musste sie niesen.

Das Auto blieb

vor Schreck stehen.

16. Tag

1. Wie passen die Wörter in die Kästchen? Schreibe in großen Druckbuchstaben!

	I							
		E						
			S					
				E				

einmal
plötzlich
musste
fuhr
niesen
Schreck
stehen

2. Die Geschichte ist gestern passiert. Stelle dir vor, du seiest mittendrin. Erzähle so, als passiere es jetzt. Schreibe in der Gegenwart (Präsens). Diese Wörter helfen dir: fährt, muss, bleibt

Heute

DiktatDiktatDiktatDiktatDiktatDiktatDikt

3. Lasse dir den Text jetzt diktieren. Viel Glück!

Tante Lisa

Tante Lisa fuhr uns
mit dem Auto nach Hause.
Plötzlich musste sie
einmal niesen.
Vor Schreck blieb
das Auto stehen.

Nimm dir ZEIT
Stolz Verlag

Vier Schritte zum Erfolg

1. Lies den Text zuerst still, dann laut. Lerne danach den ersten Abschnitt auswendig.
2. Lege ein Blatt Papier über den Text. Schreibe auswendig.
3. Schau nach, ob du richtig geschrieben hast! Korrigiere sofort.
4. Mache das so mit allen Abschnitten.

Der Storch

Der Storch
zog sich die
roten Stiefel an.

Er fragte
den Frosch:
„Wie gefalle ich dir?“

Der Frosch aber
lachte ihn aus.

18. Tag

1. Lies die Fragen laut vor und beantworte sie zuerst mündlich. Schreibe deine Antworten dann hier auf. Schreibe ganze Sätze!

Welche Stiefel zog der Storch an?

Der S

Wen fragte der Storch?

Was fragte der Storch?

Was machte der Frosch?

2. Schreibe die Zeilen voll, jedes Wort in einer anderen Farbe!

lachte aus,

zog an,

Stiefel,

Frosch,

gefallen,

DiktatDiktatDiktatDiktatDiktatDiktatDikt

3. Lasse dir den Text jetzt diktieren. Viel Glück!

Der Storch

Der Storch fragte den Frosch:
„Wie gefalle ich dir?"
Er hatte die roten Stiefel angezogen.
Der Frosch
lachte den Storch aus.

Nimm dir ZEIT
Stolz Verlag

Vier Schritte zum Erfolg

1. Lies den Text zuerst still, dann laut. Lerne danach den ersten Abschnitt auswendig.
2. Lege ein Blatt Papier über den Text. Schreibe auswendig.
3. Schau nach, ob du richtig geschrieben hast! Korrigiere sofort.
4. Mache das so mit allen Abschnitten.

LENDERSDORFER TRAUMFABRIK

In der Burg

Wir machen
eine Reise.

Am Abend
sind wir müde.
Wir suchen
ein Hotel.

In der Ritterburg
ist ein Zimmer frei.

Und wo sind
die Ritter?

20. Tag

1. Ein Raubritter hat die Buchstaben aus den Wörtern mitgenommen.
Sei so nett, füge sie wieder ein! Schreibe dann die Wörter unten auf.

A . . . d Z . . . . r f . . i

H . . . l s . . . . n R . . . e

R . . . . g m . . e

2. Was ist denn das für eine Sprache? Die Rittersprache?
Bitte „übersetze" mir das doch mal! (Setze die Silben richtig zusammen.) Schreibe dann den Text neu.

Du und ich, wir machen eine Rei mer. Es ist A se.
Im Ho bend ist noch ein Zim ter frei. Ein Rit tel ist auch da.

DiktatDiktatDiktatDiktatDiktatDiktatDik

3. Lasse dir den Text jetzt diktieren. Viel Glück!

In der Burg

Wir machen eine Reise.
Es ist Abend,
und wir sind müde.
Wo ist ein Zimmer frei?
In der Ritterburg ist ein Hotel.
Wir suchen die Ritter.

Nimm dir ZEIT
Stolz Verlag

WÖRTERLISTE

Hier findest du alle Wörter aus den Diktat-Texten in alphabetischer Reihenfolge.
Benütze die Liste zum Nachschlagen, wenn du beim Schreiben unsicher bist.
Lerne die Wörter wie Vokabeln! Ich verspreche dir, dass du damit Erfolg haben wirst.

Abend
acht
alt
Angst
angezogen
anziehen (zog an)
aufwachen
Auge
auslachen (lachte ... aus)
Auto
Baum, Bäume
bellen (bellt)
bleiben (blieb)
blieb (bleiben)
Bote
Brief
bringen (bringt)
Burg
dick
Diktat
Drache
drei
einmal
eins
fahren (fuhr)
Falke
Falkenauge
Fehler
Felix
Fenster
fest
Filipp
fliegen (geflogen)
fragen (fragte)
frei
Frosch
Frühstück
fuhr (fahren)
fünf
Garten
gefallen
geflogen (fliegen)
gehen (ging)
ging (gehen)
haben
hält (halten)
halten (hält)
hat (haben)
Haus
herum
hinaus
hinter
Hotel
Hund
ich
ihn
immer
Indianer
Jahre
Junge
kam (kommen)
Katze
Kind, Kinder
klein
kommen (kommt)
Kopf
lachen
landen (landet)
laufen (läuft)
läuft (laufen)
Lehrer
Lisa
machen (macht)
Mann
Maus, Mäuse
müde
müssen (muss, musste)
Mütze

LENDERSDORFER TRAUMFABRIK

W Ö R T E R L I S T E

nach Hause
nennt (nennen)
niesen
noch
Ohr
Pferd
plötzlich
Reise
Ritter
Ritterburg
rot
Sandra
scharf
schauen (schaut)
Schnee
Schneemann
Schreck
Schule
Schultasche
sich
sitzen (sitzt)
spielen
stecken (steckt)
stehen (steht)

Stein
Stiefel
Storch
suchen
Tante
tanzen
Teddy
tragen (trägt)
trägt (tragen)
unser
Vater
verstecken
Vogel
vor Schreck
wachte auf (aufwachen)
war
weg
weglaufen (läuft weg)
werfen (wirft)
wirft (werfen)
zählen (zählt)
Zimmer
zog ... an (anziehen)
zwei

Nimm dir ZEIT
Stolz Verlag

Prüfungs- und Übungsdiktate

1

Der Bote

Der Bote bringt uns fünf Briefe.
Er wirft die Briefe in den Garten,
als unser Hund bellt.
Er läuft weg, weil er Angst hat.

2

Katze und Vogel

Die Katze sitzt am Fenster.
Sie schaut hinaus.
Der Vogel kommt geflogen und landet
vor dem Fenster. Er schaut die Katze an.

3

Der Drache

Felix wachte auf.
Der Drache war noch da.
Felix ging nach dem Frühstück zur Schule.
Der Drache kam mit.

4

Der kleine Indianer

Er hat ein Pferd und einen Hund.
Er hat auch so scharfe Augen wie ein Falke,
deshalb nennt ihn der Vater Falkenauge.
Der Junge ist acht Jahre alt.

5

Der Teddy

Sandra steckt den Teddy
in die Schultasche.
Sie hält beim Diktat sein Ohr fest.
Da macht sie auch nur einen Fehler.

Prüfungs- und Übungsdiktate

6

Der Mann aus Schnee
Der dicke Schneemann steht vor der Schule.
Die Kinder tanzen um ihn herum und lachen.
Denn auf dem Kopf trägt der Schneemann
die Mütze des Lehrers.

7

Die Mäuse
Die Maus Filipp spielt mit den anderen im Garten.
Die verstecken sich hinter Bäumen und Steinen.
Filipp zählt: „Eins, zwei, drei ... Ich komme!"
Er muss suchen.

8

Tante Lisa
Tante Lisa musste uns einmal mit dem Auto
nach Hause fahren. Sie nieste plötzlich.
Da blieb vor Schreck das Auto stehen.

9

Der Storch
Der Storch zog sich die roten Stiefel an.
Den Frosch fragte er: „Wie gefalle ich dir?"
Da lachte der Frosch den Storch aus.

10

In der Burg
Wir machen eine Reise und sind müde.
Es ist Abend. Wir suchen ein Zimmer.
Das Hotel ist eine Ritterburg.
Da sind auch die Ritter!

Nimm dir ZEIT
Stolz Verlag

Liebes Mädchen,
lieber Junge,

du hast jetzt das ganze Heft durchgearbeitet und fleißig geübt.
Schreibe mir doch, wie dir das Übungsprogramm gefallen hat.
Hast du jetzt Lust, weiterzulernen?
Vielleicht hast du Vorschläge für neue oder andere Übungen.
Ich freue mich auf deinen Brief und werde dir bestimmt antworten!

Karin Pfeiffer
Schneidhausener Weg 52
52355 Düren

Stolz Verlag

Schneidhausener Weg 52, 52355 Düren, Tel. (02421) 5 79 79 info@stolzverlag.de

Deutsch

Aufsatzschreiben kinderleicht
Werkstatthefte 3./4. Schuljahr
Märchen & Fabeln *Best.-Nr. 309*
Fortsetzungsgeschichten *Nr. 310*
Reizwortgeschichten *Best.-Nr. 308*

Die Aufsatzwerkstatt
Beispiele, Übungen, Lösungen ab 5. Schj.
Erzählen und Fabulieren *Nr. 309*
Nacherzählung und Inhaltsangabe *Best.-Nr. 307*
Gegenstands- und Vorgangsbeschreibung *Best.-Nr. 308*
Protokoll, Exzerpt, Zusammenfassung *Best.-Nr. 305*

Aufsatz-Trainer 3.- 5. Sj. *Best.-Nr. 066*

Der Schneemann im Kühlschrank (Bildergeschichten)
3. bis 5. Schuljahr *Best.-Nr. 143*

Mini-Bildergeschichten ab 2. Sj.
Wortschatz erweitern *Best.-Nr. 144*

Grammatik kinderleicht
Grundlagenwissen für alle
ab 3. Schuljahr *Best.-Nr. 248*

Satzbau Blödelmeister
Grammatik-Spiel *Best.-Nr. 162*

Grundkurs Grammatik 5./7. Sj.
Substantive *Best.-Nr. 171*
Adjektive *Best.-Nr. 172*
Zeichensetzung *Best.-Nr. 173*
das oder dass *Best.-Nr. 174*

Grammatik Grundwissen
ab Ende 3. Schuljahr, Orientierungsstufe
Band 1: **Wortlehre** *Best.-Nr. 060*
Band 2: **Satzlehre** *Best.-Nr. 061*

Grammatikstunde 5. bis 10. Sj.
Übungen und Lösungen *Best.-Nr. 062*

Freude an Reim und Rhythmus
Gedichte im Unterricht
3. bis 6. Schuljahr *Best.-Nr. 141*

Besser lesen lernen mit Märchen, Sagen und Fabeln
ab 2. Schuljahr *Best.-Nr. 276*

Sachtexte lesen & verstehen
ab 5. Schuljahr *Best.-Nr. 106*

Zehn Minuten täglich üben
Nachhilfe Deutsch ab 5. Sj. *Best.-Nr. 210*

Handschrift-Trainer
Schöner schreiben – besser schreiben – schneller und sicherer lesen. Ein Übungsprogramm ab 10 Jahre *Best.-Nr. 354*

Lesetraining

ORIGINAL-LESETRAINING von Karin Pfeiffer

1. Schuljahr *Best.-Nr. 031*
2. Schuljahr *Best.-Nr. 032*
3. Schuljahr *Best.-Nr. 033*
4. Schuljahr *Best.-Nr. 034*
5. Schuljahr *Best.-Nr. 035*
6. Schuljahr *Best.-Nr. 036*
7. Schuljahr *Best.-Nr. 037*
8/9. Schuljahr *Best.-Nr. 287*

Lesetraining-Übungshefte:

1. Schuljahr *Nr. 291* **5. Schuljahr** *Nr. 295*
2. Schuljahr *Nr. 292* **6. Schuljahr** *Nr. 296*
3. Schuljahr *Nr. 293* **7. Schuljahr** *Nr. 297*
4. Schuljahr *Nr. 294* **8./9. Schulj.** *Nr. 298*

Lesetraining für Legastheniker
ab 2. Schuljahr *Best.-Nr. 126*

Lektüren & Co.

TRAUMFABRIK-LITERATURBLÄTTER
Ergänzendes Übungsmaterial zur Lektüre; jedes Heft 32 Seiten DIN-A4.

Der Buchstabenvogel
1. Schuljahr *Best.-Nr. 184*
Mufti, der kleine freche Dino
ab 1. Schuljahr *Best.-Nr. 209*
Wie die Katze zum K kam
ab 1. Schuljahr *Best.-Nr. 208*
Sofie macht Geschichten
ab 1. Schuljahr *Best.-Nr. 108*
Der Findefuchs
ab 2. Schuljahr *Best.-Nr. 028*
Hanno malt sich einen Drachen
ab 2. Schuljahr *Best.-Nr. 189*
Die Olchis sind da
ab 2. Schuljahr *Best.-Nr. 205*
Igel, komm, ich nehm dich mit
ab 2. Schuljahr *Best.-Nr. 185*
Das Schlossgespenst
ab 2./3. Schuljahr *Best.-Nr. 093*
Das Vamperl
ab 3. Schuljahr *Best.-Nr. 159*
Ben liebt Anna
ab 3. Schuljahr *Best.-Nr. 196*
Umsonst geht nur die Sonne auf
ab 3. Schuljahr *Best.-Nr. 216*
Sonst bist du dran
ab 3./4. Schuljahr *Best.-Nr. 215*
Ich bin ein Stern
ab 5. Schuljahr *Best.-Nr. 188*
Rennschwein Rudi Rüssel
ab 5. Schuljahr *Best.-Nr. 222*
Insel der blauen Delphine
ab 6. Schuljahr *Best.-Nr. 194*

Rechtschreiben

„5-Minuten-Diktate"
Beim Üben mit diesen Heften fassen auch rechtschreibschwache Schüler wieder Mut.
2. Schuljahr *Best.-Nr. 017*
3. Schuljahr *Best.-Nr. 018*
4. Schuljahr *Best.-Nr. 019*
5. Schuljahr *Best.-Nr. 020*
6. Schuljahr *Best.-Nr. 021*
7. Schuljahr *Best.-Nr. 052*

Rechtschreiben kinderleicht I
Trainer Grundschule *Best.-Nr. 332*

Rechtschreiben kinderleicht II
ab 5. Schuljahr *Best.-Nr. 336*

Zwillingsdiktate 2. – 6. Sj.
Ein Text zum Üben, einer zum Prüfen!
Best.-Nr. 375

Mathematik

Schmunzelmathe Textaufgaben
Schritt für Schritt; mit Lösungen
1./2. Schuljahr *Best.-Nr. 094*
3./4. Schuljahr *Best.-Nr. 095*
5. Schuljahr *Best.-Nr. 313*

Die Einmaleins-Maus im Hunderterhaus 2. Sj. *Best.-Nr. 710*

Mathe zum Schmunzeln
111 listig-lustige Rechengeschichten
Freiarbeit / Fördern, ab 2. Sj. *Best.-Nr. 257*

Mathe kinderleicht – Grundrechenarten ab 5. Sj. *Best.-Nr. 247*

Grundrechenarten – Lernen an Stationen Übungen m. Selbstkontrolle
ab 5. Sj. *Best.-Nr. 253*

Bruchrechnen
systematische Grundlagenübungen
Nachhilfe und Freiarbeit *Best.-Nr. 154*

Übungen Geometrie ab 4. Sj.
Grundlegende Aufgaben *Best.-Nr. 121*

Verschiedenes

40 Vertretungsstunden GS
Grundschule *Best.-Nr. 267*

40 Vertretungsstunde SEK
ab 5. Schuljahr *Best.-Nr. 268*

Klassenzimmerschmuck von Januar bis Dezember
Anleitungen und Vorlagen *Best.-Nr. 349*